BEI GRIN MACHT SICH IHR WISSEN BEZAHLT

- Wir veröffentlichen Ihre Hausarbeit, Bachelor- und Masterarbeit

- Ihr eigenes eBook und Buch - weltweit in allen wichtigen Shops

- Verdienen Sie an jedem Verkauf

Jetzt bei www.GRIN.com hochladen und kostenlos publizieren

Jasmin-Nicole Schmid

Sprangers pädagogisches Verständnis von der Rolle des Erziehers mit Einbezug seiner idealtypischen Erziehungsstile

GRIN Verlag

Bibliografische Information der Deutschen Nationalbibliothek:

Die Deutsche Bibliothek verzeichnet diese Publikation in der Deutschen National-
bibliografie; detaillierte bibliografische Daten sind im Internet über http://dnb.d-
nb.de/ abrufbar.

Impressum:

Copyright © 2010 GRIN Verlag GmbH
Druck und Bindung: Books on Demand GmbH, Norderstedt Germany
ISBN: 978-3-640-85020-4

GRIN - Your knowledge has value

Der GRIN Verlag publiziert seit 1998 wissenschaftliche Arbeiten von Studenten, Hochschullehrern und anderen Akademikern als eBook und gedrucktes Buch. Die Verlagswebsite www.grin.com ist die ideale Plattform zur Veröffentlichung von Hausarbeiten, Abschlussarbeiten, wissenschaftlichen Aufsätzen, Dissertationen und Fachbüchern.

Besuchen Sie uns im Internet:

http://www.grin.com/

http://www.facebook.com/grincom

http://www.twitter.com/grin_com

Universität Augsburg

Philosophisch-Sozialwissenschaftliche Fakultät

Seminar M2B: Die pädagogische Beziehung

Sommersemester 2010

Sprangers pädagogisches Verständnis von der Rolle des Erziehers mit Einbezug seiner idealtypischen Erziehungsstile

vorgelegt von Jasmin Nicole Schmid

2. Semester

Bachelor Erziehungswissenschaft

Inhaltsverzeichnis

1. Einleitung

Viele Erziehungswissenschaftler prägten die Pädagogik mit ihren Werken und persönlichen Einflüssen enorm. So sind zum Beispiel Hermann Nohl, Jean Jacques Rousseau, Johann Heinrich Pestalozzi und Eduard Spranger mit ihren jeweiligen Theorien und pädagogischen Grundgedanken herausragende Persönlichkeiten, die sich aber doch zumindest in einem grundlegenden Punkt alle ähneln: Das unbändige Interesse an dem erzieherischen Geschehen und die intensive Auseinandersetzung damit.

„Solange ich denke, hat nur eins mich in Leidenschaft versetzt: der Gedanke der Erziehung" (Spranger zitiert nach Yŏng-ae 1994, S. 125). Eduard Spranger war ein äußerst engagierter und intelligenter Mann. Spranger wechselte von der Realschule auf die Universität und war 1912 als 30-Jähriger schon Inhaber eines eigenen Lehrstuhls. Er erhielt im Laufe seiner Karriere sieben Ehrendoktorwürden sowie das Bundesverdienstkreuz mit Stern und Schulterband der Bundesrepublik Deutschland. Bis zu seinem Tod mit 81 Jahren blieb Spranger geistig und literarisch ständig aktiv und schrieb weiterhin zahlreiche Bücher (vgl. Alban 2008, S. 25ff). Doch wie verstand er nun den erzieherischen Auftrag und welche Rolle übernimmt dabei der Erzieher? Welche Erziehungsstile hat Spranger entworfen?

Diese Arbeit soll einen Überblick über Sprangers pädagogische Grundgedanken, seine idealtypischen Erziehungsstile und seine Vorstellung von der Rolle des Erziehers geben. Da ich mich bereits im Referat intensiv mit Spranger auseinander gesetzt habe und er mich als Persönlichkeit stark fasziniert, wählte ich das Thema gezielt aus.

Die Arbeit umfasst Sprangers Auffassung von Pädagogik und seine Differenzierung von Bildung und Erziehung. Des Weiteren wird auf seine vier idealtypischen Erziehungsstilpaare näher eingegangen, und diese werden einzeln beschrieben. Im vierten Gliederungspunkt wird dem Erzieher besondere Aufmerksamkeit geschenkt. Hierbei stellt Han Yŏng-aes Dissertation „Eduard Sprangers Pädagogik" und „Die Idee des Erziehers bei Eduard Spranger vor dem Hintergrund seiner Bildungs- und Kulturauffassung" von Rita Klussmann meine Hauptliteratur dar.

Ebenso werden Eigenschaften des „geborenen Erziehers" nach Eduard Spranger näher betrachtet. Kann seiner Meinung nach prinzipiell jeder erziehen oder müssen bestimmte Kriterien erfüllt sein, um von professioneller Erziehung nach Auffassung Sprangers sprechen zu dürfen? Ferner werden drei verschiedene Erziehertypen nach Spranger charakterisiert und mit seinen idealtypischen Erziehungsstilen verknüpft. Schließlich wird die Aufgabe des Erziehers als Kulturträger thematisiert. Zum Schluss erfolgt eine Zusammenfassung.

2. Sprangers pädagogische Grundgedanken

Aufgrund des bereits angeführten Zitates und der Biografie von Spranger, wird ersichtlich, dass pädagogische Grundgedanken ihn zeitlebens prägten und immer schon den Mittelpunkt seines Interesses bildeten. Alle hypothetischen Konstrukte, die der Wissenschaftler im Laufe seines Lebens entwarf, basieren auf grundlegenden Gedankengängen. Im Folgenden wird Sprangers Auffassung von Pädagogik verdeutlicht, die sich im Laufe der Zeit herauskristallisierte und in verschiedenen Werken zum Ausdruck kam. Auch seine Differenzierung von „Bildung" und „Erziehung" stellen einen zentralen Punkt seiner pädagogischen Grundgedanken dar und sind somit von großer Wichtigkeit.

2.1 Auffassung von Pädagogik

Pädagogik wurde nicht immer als eigenständige Wissenschaft anerkannt. Sie rang um Selbstständigkeit und beeinflusste Sprangers Wirken enorm. Mit seinen Werken wie den *Lebensformen* (1914 und 1921) und der *Psychologie des Jugendalters* (1924) bejahte er den wissenschaftlichen Charakter der Pädagogik. In den genannten Werken thematisiert er unter anderem, dass Pädagogik nur Selbstständigkeit erreichen könne, wenn man sich dabei auf verschiedene andere Wissenschaften stütze (vgl. Yŏng-ae 1994, S. 148–150).

„Herbart hat geantwortet: die Ethik und die Psychologie" seien nach Auffassung Sprangers die vorauszusetzenden Grundwissenschaften, von denen eine wissenschaftlich anerkannte Pädagogik ausgehe (Spranger 1965a, S. 110). In der Ethik bezieht Spranger sich dabei auf „die Lehrbarkeit der Tugend" und „[die] Fragen nach den Bedingungen des guten und des glücklichen Lebens" nach Sokrates (Yŏng-ae 1994, S. 150).

> „Was dieser Sokrates nun eigentlich in die Welt gebracht hat, ist der Gedanke, dass im geistigen
> Sinne jeder sich selbst gebären muss. Das heißt aber: Jeder trägt der Möglichkeit nach ein höheres
> Selbst in sich: das Subjekt des allgemeingültigen Denkens, das Subjekt des Sinnverstehens und
> sinnvollen Stellungnehmens zu Werten, das Subjekt der Entscheidung dazu, das Höhere gegenüber
> dem Niederen anzuerkennen und energisch durchzuhalten." (Spranger 1965a, S. 73)

Des Weiteren knüpft Pädagogik nach Meinung Sprangers an die Teildisziplinen Geschichte, Soziologie und Kulturwissenschaften an und darf nicht ohne einen bestehenden Zusammenhang betrachtet werden (vgl. Yŏng-ae 1994, S. 150). Dennoch habe sie „einen eigenen Gegenstand, ein eigenes Thema" (ebd., S. 150). Dies stellt sich in drei miteinander verknüpften Komplexen dar:
Innerhalb der Pädagogik ist für Spranger zum Einen der von Herbart übernommene Begriff der Bildsamkeit das zentrale Moment. Dabei gilt es jedoch stets zu beachten, dass man einem Men-

schen lediglich Angebote und Hilfe darbieten könne, die eigene geistige Selbsttätigkeit jedoch vom Zu-Erziehenden selbst erfolgen müsse (vgl. Meyer–Willner 1986, S. 51). Des Weiteren sei funktionale Erziehung mit ihrer nahezu automatischen, unreflektierten Einwirkung auf den Zögling, welche wiederum abhängig von der Bildsamkeit ist, entscheidend (ebd., S. 42).

Den dritten Komplex stellen „die Werte und das damit zusammenhängende Gebiet einer bewussten, plan- und zweckmäßigen Erziehungstätigkeit [dar]" (ebd., S. 43). Ein wesentliches Element der Persönlichkeitsbildung sei nach Spranger ohne absichtliche Erziehung nicht möglich. Dem Zögling müsse insbesondere die Kultur und der einhergehende Umgang damit näher erläutert werden, um „in das Bewusstsein" einzudringen und wirken zu können (vgl. Yŏng-ae 1994, S. 131).

Doch nicht nur der Gegenstand, sondern auch Aufgaben, welche nicht theoretisch bleiben, sind wichtige Teilbedingungen der Pädagogik.

Zum Einen versteht Spranger sich selbst „als Lernender" (Meyer–Willner 1986, S. 40), zum Anderen bietet er mit seiner Auffassung der Pädagogik „eine Anleitung für die pädagogische Praxis" (Yŏng-ae 1994, S. 150). Spranger ist daher sehr praxisorientiert und beschäftigte sich, wie kaum ein anderer Erziehungswissenschaftler, sehr intensiv mit Erziehungsstilen, geisteswissenschaftlicher Pädagogik und Erziehertypen. Theorie und Praxis seien nach Spranger nicht getrennt voneinander zu betrachten. Die theoretische Pädagogik formuliere seiner Meinung nach ethische Zielvorstellungen, welche Anweisungen und Aufstellungen zur tatsächlichen Umsetzung in der Praxis darstellen (vgl. ebd., S. 152).

2.2 „Erziehung" und „Bildung"

Die Begriffe Erziehung und Bildung sind im heutigen Sprachgebrauch nicht synonym zu verwenden. Während man Erziehung eher als die Vorbereitung des Individuums für ein selbstständiges Leben unter kulturell eingebetteten Bedingungen versteht, bezieht sich das Wort Bildung eher auf schulerworbenes Fachwissen (vgl. Hohmann 1996, S. 37).

Spranger bestätigt diese Differenzierung, indem er „Erziehung ... [als] das pflichtbewusste Emporbilden der jungen durch die ältere Generation" bezeichnet und Bildung als die „organisch gewachsene und durch Unterricht wachstumsfähig erhaltene einheitliche Gestalt der Seele ..." (ebd., S. 37f). Es folgt eine genauere Unterteilung beider Bereiche.

Erziehung ergebe sich nach Spranger aus „den drei Komponenten der Entwicklungshilfe, des Tradierens und des Erweckens" (ebd., S. 37). Entwicklungshilfe bezeichne die Unterstützung und Anpassungshilfe an geforderte Lebensbedingungen, worunter die Zufuhr von Nahrung, Pflege usw. fällt. Eine weiter gegriffene Entwicklungshilfe beinhaltet die Bemühung um die geistige Entfaltung des Zöglings. Hier greift die bereits erwähnte Bildsamkeit. Das Tradieren bezeichnet den Prozess der Überlieferung, also hier die Erfahrungsvermittlung bestehender kultureller Werte des Erwachsenen. Darin drückt sich vor allem die Funktion des Erziehers als Kulturträger aus (vgl. Yŏng-ae 1994, S. 139f). In Kapitel vier wird sich zeigen, welche Konsequenzen dies für die erforderlichen Qualifikationen des Erziehers hat. Die Erweckung ist hierbei als dritte Komponente der Erziehung nach Spranger zu erläutern, die in gegenseitiger Angewiesenheit zur Tradierung steht. Spranger kritisiert, dass „oberflächliche Pädagogik" nichts anderes kenne als „dieses Weitergeben, dieses Hineinfüllen, dieses autoritative Formen des Bewusstseins" (ebd., S. 141f). Es bedürfe der geistigen, mentalen Erweckung in der Erziehung. Da es sich hierbei allerdings um psychologische Arbeit handelt und man das zu erweckende Objekt nicht einfach wie eine Maschine in Betrieb setzen könne, bezeichnet Spranger die Problematik als „Hebelproblem". „In der Erziehung sind keine körperlichen Massen zu bewegen, sondern Seelen ... Deshalb steht das Hebelproblem, nunmehr wesentlich erschwert, für den Erzieher im Vordergrund aller seiner Sorgen" (Spranger 1965b, S. 17). Wo also [ein Zusammenspiel aus, Anm. d. Verf.] Entwicklungshilfe und Vermittlung von Erfahrungswissen nicht als Ziel die Erweckung des Zöglings aufweise, ist Erziehung nach Auffassung Sprangers nicht existent (Yŏng-ae 1994, S. 141f).

Der Begriff der Bildung ist zeitlich betrachtet neuer. Spranger kritisiert den betonten Aspekt des Schulwissens und sagt, ähnlich wie der Bildungs- und Gesundheitswissenschaftler Klaus Hurrelmann, dass man „nur aus dem Durchgang durch Krisen des Lebens" sich eine „allseitig abgerundete Allgemeinbildung" bilden könne (Hohmann 1996, S. 39). In Sprangers späteren Werken, in denen er sich ausgiebig mit der neuen Lehrerbildung befasste, wird ersichtlich, dass er die Meinung vertritt, dass höhere Allgemeinbildung nicht allein durch eine weiterführende Schule erreicht wird, sondern erst über die Tätigkeit in einem Beruf (vgl. ebd., S. 39). Des Weiteren müsse guter Unterricht nach Spranger ebenso Persönlichkeitsbildung leisten, indem er „Gleichgewichte zur Individualität zur Verfügung stellen [sollte]" (ebd., S. 39).

Spranger orientiert sich dabei stark an Humboldt, wenn er das Bildungsstreben des Individuums modellartig wie folgt beschreibt: „Im Mittelpunkt der Bildung steht die Individualität, von der gleichsam wie Radien die Bestrebungen nach Universalität ausgreifen, während gleichsam von der Peripherie her dieser Prozess als Totalität des werdenden Geistes aufgefasst werden kann" (ebd., S. 38). Das Zusammenspiel von individueller Disposition und einer umfassenden, universalen Schulung muss im Individuum einen Ausgleich finden, produktiv verarbeitet werden und es damit bilden (vgl. ebd., S. 39). Bildung gilt bei Spranger als Personalisierung: „Ohne Bildung keine Entfaltung der geistigen Kräfte, ohne Bildung keine Entwicklung des Individuums zur Persönlichkeit" (Yŏng-ae 1994, S. 133). Es ist also im Hinblick auf den Zusammenhang zwischen Erziehung und

Bildung letztendlich entscheidend, dass beide Vorgänge nicht ohneeinander bzw. unabhängig von einander geschehen können und auch untereinander in komplizierter Wechselwirkung geschehen. Das Ziel der Bildung sei die Wesensformung des Menschen, welche nur durch das Zusammenspiel von Entwicklungshilfe, Tradieren und Erwecken, also durch Erziehung, stattfinden könne, so Spranger (vgl. ebd., S. 134). Inwieweit der komplexe Ablauf von Erziehung und Bildung nun bei jedem Einzelnen fruchtet, ist von verschiedenen Faktoren abhängig. Ein dabei sehr entscheidender Faktor ist der Erziehungsstil.

3. Sprangers idealtypische Erziehungsstile

Grundlegend ist zu betonen, dass Sprangers acht idealtypische Erziehungsstile reine hypothetische Konstrukte darstellen, welche bis heute nicht empirisch belegt wurden. Sie entspringen lediglich dem Gedankengut des Erziehungswissenschaftlers und sollen „eine erste Orientierung in der verwirrenden Mannigfaltigkeit der Erziehungswirklichkeit [geben]" und extreme, mögliche Erziehungsideale aufzeigen (Weber 1973, S. 61). Ein gemeinsames Vorkommen sowie das Vorkommen eines einzelnen Ideales ist somit auszuschließen. Sprangers idealtypische Erziehungsstile sind immer eine Darstellung von Extremen (vgl. ebd., S. 61f). Im Folgenden werden die Erziehungsstile nun analysiert, ihre Vor- und Nachteile abgewogen und bekannten Erziehungswissenschaftlern zugeordnet.

3.1 Weltnaher und isolierender Erziehungsstil

Nach Auffassung Sprangers gibt es einen weltnahen und isolierenden Erziehungsstil. „Man kann der Meinung sein, dass an der Wirklichkeit des reifen Kulturlebens selbst erzogen werden müsse; man kann aber auch Zurückgezogenheit fordern" (Spranger 1952, S. 96). Der weltnahe Erziehungsstil ist dabei der ältere. Bauernsöhne wuchsen ohne besondere Rücksicht und Zurückgezogenheit, früh anfangend, in den Beruf des Vaters hinein. So kam es durch Nachahmung und Mitmachen zur Angleichung der Verhaltensweisen der Heranwachsenden an die der Erwachsenen. Erziehung erfolge „in der unmittelbaren Konfrontation mit den realen Daseinsbedingungen", weil Spranger der Meinung ist, dass das unmittelbare Leben an sich bilde (Weber 1973, S. 65). Als Vorteil dieses Erziehungsstils lässt sich aufführen, dass er eine gute praktische Umsetzung des theoretisch Gelernten garantiert, er aber auch zur Überforderung und Verwirrung des Zöglings führen kann (vgl. ebd., S. 69). Kurt Hahn, der als Begründer der Erlebnispädagogik gilt, formulierte in seinen sieben Salemer Gesetzen sein Bildungskonzept, welches durch die geforderte aktive Teilnahme am Leben sehr dem weltnahen Erziehungsstil entspricht (vgl. http://methodenpool.uni-koeln.de/erlebnis/erlebnis_b egruendung.html).

Bei dem isolierenden Erziehungsstil, auch inselhafte Erziehung genannt, vollzieht sich das Tun in Abgeschiedenheit mit besonderer Vorsicht und Obhut. „Der isolierende Erziehungsstil entspricht häufig einem gesellschafts- und kulturkritischen Ansatz" (Weber 1973, S. 68). Man misstraut der bestehenden Gesellschaft und ihren darin lebenden Menschen und versucht Realitätsdruck zu vermeiden. Diese Art von Erziehung vermeidet zwar tatsächlich die Belastungen der Wirklichkeit, jedoch entsteht eine Weltfremdheit, die aufgrund der vorrangigen Theorie ohne Praxisbezug, stets unreflektiert und in radikaler Einseitigkeit erfolgt (vgl. Spranger 1965a, S. 42f). „Als exemplarischen Fall kann man hier auf das Erziehungsprogramm in Rousseaus ‚Emile' verweisen" (Weber 1973, S. 68). In Abgeschiedenheit zog er seinen Jungen Emile alleine groß und wollte „gegen den herrschenden Geist erziehen" (Spranger 1965a, S. 42).

3.2 Freier und gebundener Erziehungsstil

Theodor Litt behandelt in seinem berühmten Werk *Führen oder Wachsenlassen* exakt die gleiche Gegenüberstellung von freiem und gebundenem Erziehungsstil. Unter freiem Erziehungsstil, auch liberal genannt, versteht man, „dass man innere Kräfte wachzurufen sucht, die produktiver wirken als alles, was man durch äußere Führung erreichen kann" (Spranger 1965a, S. 44). Es bedeutet also nicht ein einfaches Machenlassen oder Abwarten auf Erziehungsfortschritte, sondern ebenfalls ein aktives Eingreifen und Erziehungstun. Diese Art von Erziehung fördert zum Einen die „Initiative", Selbstständigkeit und Eigenverantwortung, zum Anderen besteht jedoch auch die Gefahr der „Willkür und Zügellosigkeit" (Weber 1973, S. 76). Man findet diesen Erziehungsstil beispielsweise bei dem Erziehungswissenschaftler Otto vor. Er überließ, in selbstständig arbeitenden Kleingruppen, die Themenwahl und die dazugehörigen Schwierigkeitsgrade ganz seinen Schülern. Deren Themen und spontanen Fragen bestimmten den Unterrichtsverlauf (vgl. ebd., S. 75).

Der gebundene Erziehungsstil stellt genau das Gegenteil dar. Er ist mit Gehorsamsforderungen verknüpft und lässt dem Zögling wenig Freiraum sich selbst zu entfalten. Es existiert ein fest vorgeschriebenes Erziehungsideal, dessen Angleichung es durch den Zögling zu erreichen gilt. „Es kommt kaum etwas Eigenes in der jungen Seele auf; alles wird vom Fremdwillen erstickt" (Spranger 1965a, S. 47). Dieser Erziehungsstil wird dem erotischen Erziehertypus zugeschrieben, auf den im weiteren Verlauf der Arbeit noch näher eingegangen wird. Eine Verwendung des gebundenen Stils findet man in der Armee wieder. „Sie war eine Erziehungseinrichtung für den Ernstfall, den

Krieg. Dazu gehörte, dass man den eigenen Willen aufgab und sich einem größeren Willensganzen unterordnete" (Spranger 1952, S. 110). Auch die Angstbeseitigung, Körperbeherrschung und Erbringung mechanisierter Leistungen sind Merkmale des gebundenen Erziehungsstils, welche in ihrer Ganzheit betrachtet nicht unmittelbar als negativ zu betrachten gelte (vgl. ebd., S. 110f).

3.3 Vorgreifender und entwicklungsgemäßer Erziehungsstil

Der vorgreifende und entwicklungsgemäße Erziehungsstil behandelt die Frage, „in welchen Grenzen auf die Individualität des Zöglings … Rücksicht zu nehmen ist" (Spranger 1965a, S. 48). Hierbei sei ebenfalls ein Wandel der Zeit festzustellen. Früher war die Jugend gezwungen Anschluss zu finden, und vom Genuss der Jugend blieb meistens nicht viel Zeit. „Das alles gehört zur Tapferkeit der alten Zeiten"(Spranger 1952, S. 117). Erst die Entwicklungspsychologie, welche auf Basis von Beobachtungen im Schulleben begründet wurde, schenkte der Individualität jedes Einzelnen besondere Aufmerksamkeit und entschied demnach, ob der Einzelne schon bereit sei Schulwissen zu verarbeiten und aufzunehmen (vgl. ebd., S. 117).

Die Namen geben bereits Auskunft: bei dem vorgreifenden Erziehungsstil werden Kinder vorzeitig mit Lerninhalten konfrontiert, wohingegen bei dem entwicklungsgemäßen Erziehungsstil abgewartet wird, „bis der jeweils erforderliche Reifezustand eintritt, und nur Antworten gegeben werden, die einem spontanen Fragen entgegenkomm[en] …" (Spranger 1965a, S. 49).

Auch hier gibt es für beide Varianten Vor- und Nachteile zu nennen.

Der vorgreifende Erziehungsstil begünstigt eine vorantreibende Erziehung, die zur Leistungssteigerung und verbesserter Lernfähigkeit führen kann. Findet jedoch eine Überforderung des Kindes, durch zu kurz und zu schnell aufeinanderfolgende Lerninhalte beispielsweise im Schulunterricht statt, wirkt dies sich gegenteilig aus. J. B. Basedow war dafür bekannt, dass er seiner Tochter mit 3 ½ Jahren Französisch und mit 4 ½ Jahren Latein beibrachte (vgl. Weber 1973, S. 81–83). Auch Spranger ist der Meinung, dass eine künstliche Beschleunigung des Lerntempos immer nötiger wird, um dem geistigen Fortschritt folgen zu können (Spranger 1965a, S. 49).

Der entwicklungsgemäße Erziehungsstil gewährt eine glückliche Kindheit, kostet aber viel Zeit. Es erscheint in unserer heutigen Zeit illusorisch, Kinder lesen und schreiben zu lehren, wann es ihnen beliebt. Spranger nennt als mögliche negative Begleiterscheinungen des Stils Infantilisierung, Primitivisierung und Niveausenkungen (vgl. Spranger 1952, S. 83). Als bekanntester Vertreter dieser Form gilt Rousseau. Er wollte seinen Emile vor allem vor Verfrühung schützen und erzog nach dem Motto: „Zeit verlieren und nicht gewinnen" (Rousseau 1963, S. 212).

3.4 Uniformer und individualisierender Erziehungsstil

Das vierte idealtypische Erziehungsstilpaar nach Spranger beschäftigt sich allgemein mit der Frage, ob man, insbesondere in Schulklassen, auf Individualität Rücksicht nehmen sollte. Bei der uniformen Erziehung will man „alle gleich behandeln und von allen Gleiches fordern" (Spranger 1965a, S. 51). Sie hat als Ziel die erforderliche Konformität für das Zusammenleben mehrerer Menschen durch Anpassung und für alle gleich geltende Gesetze zu erreichen. Dieses pädagogische Vorgehen vermag im positiven Sinne eine breite Allgemeinbildung zu erreichen. Es gelten für alle die gleichen (An)Forderungen. Dies zwingt beispielsweise Schüler dazu, sich auch mit ungeliebten Inhalten auseinanderzusetzen und eventuelle Schwächen zu entdecken und zu begleichen. Als Nachteile lassen sich Gleichgültigkeit, Nicht-Entdecken besonderer Fähigkeiten und nivellierte Mittelmäßigkeit nennen. Als Vertreter ist Kant bekannt, der nämlich alle Menschen als Vernunftwesen gleich ansah, weshalb auch für alle die identischen Pflichten gelten sollten (vgl. Weber 1973, S. 87–98).

Bei der individualisierenden Erziehung wird „die optimale Entfaltung der jeweils besonderen Möglichkeiten" erreicht (ebd., S. 89). Es wird auf Besonderheiten Rücksicht genommen und der Mensch als einmalig betrachtet. Doch lässt man Kinder immer nur das tun, was sie mögen bzw. schon beherrschen, stellt sich ein ähnlicher Nachteil wie bei dem bereits beschriebenen entwicklungsgemäßen Erziehungsstil ein. Es kommt zu einer deutlichen Leistungsniveausenkung. Des Weiteren wird folgender Kritikpunkt angeführt: „Individuelle Interessen und Begabungen sind eben nicht von Anfang an als fixierte Größen fassbar, sondern formen sich erst aus, wenn man in die betreffenden Aufgabenfelder eindringt und sich mit ihren Herausforderungen einlässt" (Weber 1973, S. 90). Als Vertreter des individualisierenden Erziehungsstil ist Ellen Key mit ihrer Pädagogik „vom Kinde aus" zu nennen (vgl. ebd., S. 88). Dabei wird jedem einzelnen Kind eine enorme Individualität zugestanden und es nicht als „Normalkind" betrachtet. Kinder gelten als keine kleinen Erwachsenen, sondern als einzigartig, wertvoll, mit eigenen Begabungen, eigenem Naturell und eigenem Lerntempo.

4. Rolle des Erziehers

Ebenso wie die Erziehungsstile lediglich Ideale darstellen, so ist auch die Rolle des Erziehers nach Auffassung Sprangers weitgehend eine Konstruktion des Idealfalls. „Es wird erwartet, dass jeder echte Erzieher ‚etwas' von dieser geistigen Einstellung in sich trage" (Spranger 1965b, S. 96). Welche geistige Einstellung Spranger damit meint und ob er der Meinung ist, dass wirklich jeder in der Lage ist professionell zu erziehen, wird im Folgenden erläutert.

4.1 Die „pädagogische Liebe"

Spranger zieht in seinem Buch *Der geborene Erzieher* einen Mensch–Tier Vergleich und stellt dabei Gemeinsamkeiten fest: „Bei höheren Tieren bemerken wir eine Sorgfalt für Erhaltung und Pflege ihrer Jungen, die die gleiche physische Wurzel zu haben scheint, wie die menschliche Mutterliebe" (Spranger 1965b, S. 81). Doch auch Unterschiede, wie die außergewöhnlich lange Hilfs- und Pflegebedürftigkeit, sowie die Instinktarmut des Menschen werden von Spranger betont. Dabei stellt er fest, dass es die „pädagogische Liebe" sei, die menschliche Erziehung auszeichne (vgl. ebd., S. 81f). Doch was genau versteht Spranger unter solcher Liebe?

Spranger zeigt dies wie folgt auf: „… die Elternliebe scheint das Urbild jedes Dranges zur Erziehung zu sein … Was gibt es höheres in der Welt als der Opfersinn des mütterlichen Herzens? Wer kann treuer für die Heranwachsenden sorgen als der Vater?" (ebd., S. 82) Doch die alleinige Versorgung der Kinder durch Pflege und Nahrung kennzeichne bei weitem nicht eine pädagogische Liebe. Sie käme erst zustande, wenn auch bei erzieherischem Scheitern „doch nicht geleugnet [werde], dass das Gefühl, es sei Blut von meinem eigenen Blute … pädagogischen Geist verstärkt" (ebd., S. 85). Es bedürfe mehr als reiner Menschlichkeit und Instinkt um von pädagogischer Liebe sprechen zu können. Des Weiteren betont Spranger im weiteren Verlauf des Buches, dass Liebe häufig falsch verstanden werde, indem sie mit Mitleid oder Nothilfe verwechselt würde. Dass Spranger allerdings nicht an die Reinheit des Menschen an sich glaubte, bewies schon sein christlicher Glaube (siehe dazu http://www.tu-braunschweig.de/Medien-DB/paed-retter/spranger.doc) und seine Überzeugung der Existenz der Erbsünde: „Das Schuldigsein sitzt also im Kern seines [des Menschen, Anm. d. Verf.] Wesens" (ebd., S. 91). Doch die pädagogische Liebe ermöglicht es, zuversichtlich zu sein und zu glauben, dass das Gute siegt. An diesem Punkt kritisiert Spranger den bekannten Erziehungswissenschaftler Rousseau, der bekannterweise der Überzeugung war, dass der Mensch „von Natur aus" gut sei (vgl. ebd., S. 93f). Ein weiteres Merkmal der pädagogischen Liebe ist das Gefälle innerhalb der pädagogischen Beziehung. Zwar erwähnt Spranger, dass es beim Erziehungsgeschehen zu einem Wissensgewinn des Erziehers kommen könne, jedoch sei das vorrangige Merkmal, dass bei der Bildung des Zöglings der Erzieher als reifere Person gelten müsse (vgl. Yŏng-ae 1994, S. 287). Nichtsdestoweniger schreibt Spranger dem Zögling sehr große Zuwendung zu:

> „Gewiss kann ich sagen, dass ich meine Quartaner ‚liebe'. Dann habe ich sie gern, bin ihnen wohlgesinnt. Das ist ganz etwas anderes als die pädagogische Liebe. Sie gehört zu jener höheren Stufe: eine Individualität umfasst eine andere. Mit dieser Fragestellung erhebt sich allerdings sogleich die Frage, ob man zu einer großen Anzahl von Individuen gleichzeitig in einem solchen Verhältnis stehen könne. Man muss wohl zugeben, dass das in vollem Sinne nicht möglich ist" (Spranger 1965b, S. 95).

Das letzte hier aufgeführte Merkmal ist der metaphysische Bezug, welchen Spranger der pädagogischen Liebe zuschreibt. Hierbei wird dem christlichen Glauben starke Bedeutung beigemessen. Indem Spranger diese Zuschreibung trifft, verneint er die Erziehungsfähigkeit der Menschen, die diesen Bezug nicht aufweisen, indem sie nicht an Gott glauben. Wenn „… dieser Glaube fehlt, ist überhaupt kein echtes pädagogisches Verhältnis möglich" (ebd., S. 97).

Auch in der Verantwortungsrolle des Erziehers bezogen auf sein Gewissen sieht Spranger den Auftrag in Gott: „Das höhere Selbst ist eben deshalb die Stelle des Kontaktes mit dem Metaphysischen und also letzter sinngebender Erfahrungen" (Spranger 1965b, S. 127). Und „Ich bin Richter, insofern ich mich und mein Tun an dem höchsten Willen messe = Gottes Willen" (Spranger 1951, S. 409, zitiert nach Yŏng-ae 1994, S. 291). Damit schreibt Spranger dem Erzieher die unabdingbare Eigenschaft zu, gläubig sein zu müssen (siehe dazu Kapitel 5). Viele weiteren Eigenschaften, die ein Pädagoge im Idealfall besitzen sollte, stellt der „geborene Erzieher" dar.

4.2 Der „geborene Erzieher"

Der Begriff „geborener Erzieher" wurde bereits ab 1907 von Eduard Spranger geprägt und ist nicht aus der Wirklichkeit induziert, sondern ausschließlich gedanklich entworfen. Ähnliche Ausdrücke von ihm sind der „echte" oder „wahre" Erzieher – oder der „geborene Bildner" (vgl. Klussmann 1984, S. 227). Doch wer darf sich nach der Auffassung Sprangers als solcher bezeichnen?

„Vom geborenen Pädagogen gilt ganz allgemein: Er ist etwas und er kann etwas; er hilft dem Werdenden zur Lebensgemeinschaft empor; er muss so handeln; denn dies ist sein geistiger Grundtrieb" (Spranger 1965b, S. 15). „Dazu gehört, dass man an sich selbst ernsthaft gearbeitet habe", schreibt Spranger und setzt damit eine gewisse geistige Reife voraus (ebd., S. 85). Wörtlich genommen ist der Begriff „geborener Erzieher" allerdings genauer genommen falsch gewählt. „Wir sagen ja auch: „der geborene Feldherr" , und doch kann niemand zum Feldherrn, geschweige denn „als Feldherr" im wörtlichen Sinne geboren werden" (ebd., S. 14).

Spranger ist der Auffassung, dass nicht jeder erziehen kann: „Der geborene Erzieher muss, der gelernte kann, der Anfänger möchte" (ebd., S. 15). Ferner bildet die bereits erwähnte metaphysische Einstellung die Voraussetzung des Erziehungsgeschehens. Das „Getriebensein zur Menschenbildung" zeichnet den „geborenen Erzieher" aus (ebd., S. 12). Spranger ist bemüht, nicht den Eindruck entstehen zu lassen, dass die von ihm entworfenen Idealkonstruktionen Menschen zur absoluten Vollkommenheit hin veredeln. So betont er immer wieder in seinem Werk *Der geborene Erzieher*, dass es ein Wunschbild von ihm persönlich sei und somit keinen objektiven Wahrheitsgehalt besäße. Auch dass er bei der Konstruktion eine äußerst hohe Anforderung an die Persönlichkeit des Erziehers stellt, ist er sich durchwegs bewusst: „Es mag viel verlangt sein – aber wir träumen ja hier von einem Ideal …" (ebd., S. 41).

Auf die Frage, ob nun das Erziehertum erlernbar sei, gibt Spranger klare Antworten. Auf dem Weg eines Studiums oder über die Ausbildung lasse sich das Pädagogische nicht erwerben. Es bedürfe einiger innerer Grundvoraussetzungen, die nicht zu erlernen seien, sondern vorhanden sein müssten um sich zu einem „geborenen Erzieher" weiterentwickeln zu können (vgl. Klussmann 1984, S. 234). Wie diese Weiterentwicklung auszusehen hat, wird ebenso deutlich von Spranger selbst formuliert: „Darauf gibt es nur eine Antwort: Der Erzieher wird geboren aus der Selbsterziehung" (Spranger 1973, S. 128, zitiert nach Klussmann 1984, S. 235). Es gilt also neben der metaphysischen Voraussetzung auch der Kraftakt und der Wille an sich selbst zu arbeiten bzw. an sich selbst gearbeitet zu haben als Voraussetzung, um sich selbst als „geborener Erzieher" nach Auffassung Sprangers betiteln zu dürfen.

4.3 Erziehertypen

Auch wenn bei dem „geborenen Erzieher" nach Spranger, wie bereits thematisiert, bestimmte Charaktereigenschaften immer gleich sind, ergeben sich im Anbetracht der strukturellen Eigenart der Erziehung verschiedene Erziehertypen. Erneut ist zu sagen, dass auch diese Charakterisierung eine reine Gedankenkonstruktion ist, welche nicht empirisch belegt wurde, sondern nach Spranger zum Ziel hat, „… Ordnung in die Vielfalt der differenzierten Formen, die der Persönlichkeitstypus annehmen kann, hineinzubringen …" (Klussmann 1984, S. 131). Eine logische Typologie des Erziehers als Ganzes legt Spranger nicht vor. Er beschränkt sich auf einzelne Aspekte, die für die erzieherische Lebensform konstitutiv sind. Im Folgenden werden sechs Erziehertypen nach Spranger beschrieben und mit seinen Erziehungsstilen aus Kapitel drei verknüpft.

4.3.1 Erotisch und sozial

Aus der Vielfalt der verschiedenen Menschen und ihren individuellen Eigenschaften können sich erzieherische Lebensformen unterschiedlich manifestieren. Ein Kriterium des Erziehertypus bildet „die Motivation der Liebe des Erziehers zum sich entfaltenden Leben" (Yŏng-ae 1994, S. 316). Hierbei unterscheidet Spranger den erotischen und den sozialen Erziehertypen, nach seiner „wesensmäßigen Differenz" und der „besonderen Artikulation der Liebe" (Klussmann 1984, S. 131). Der erotische Erziehertyp liebt demnach geistig, ästhetisch. Das heißt, der Erzieher liebt „… [die] Schönheit, [den] Reiz, [die] Anmut der heranwachsenden Generation" (ebd., S. 316). Durch den Schönheitsaspekt, den der erotische Erzieher im Umgang mit Kindern und Jugendlichen erfährt,

13

wird derselbige als eine Bereicherung erfahren. Er sei hoch motiviert und habe Spaß an der pädagogischen Arbeit. Nichtsdestotrotz kritisiert Spranger, dass in diesem Umgang mit Heranwachsenden es dem Erzieher zugleich auch immer um eine Art Selbstbereicherung und Eigenliebe geht (vgl. Klussmann 1984, S. 132). Häufig wird damit der gebundene Erziehungsstil verbunden. Man formt nach einem fest vorgeschriebenen Ideal oder einem Wunsch, der von einem Elternteil getragen wird und lässt dem Kind wenig Eigenraum sich selbst zu entfalten.

Im Unterschied dazu gilt die Liebe des sozialen Erziehertypus auch dem Leben, gezeichnet durch Hässlichkeit und Not: „Es ist die Liebe zu dem Göttlichen in jeder Seele, gerade auch in der unschönen, unanziehenden, verkümmerten, leidenden" so Spranger (Spranger 1973, S. 136, zitiert nach Klussmann 1984, S. 132).

Die soziale Liebe nach Spranger strebt im Gegenzug zur erotischen nicht nach selbstbezogener Bedürfnisbefriedigung, sondern sehe im Leben etwas Göttliches, was jeden Menschen zur Nächstenliebe willig macht (vgl. Yŏng-ae 1994, S. 316). Des Weiteren wird bei diesem Erziehertypus Entwicklungshilfe geleistet, was letztendlich Erziehung überhaupt ermöglicht. Durch die allumfassende Fürsorge und Emporbildung „zu einem höheren Selbst" zeigt der Erzieher Ehrfurcht vor dem Leben und fungiert somit als ausgezeichnetes Vorbild (Klussmann 1984, S. 133). Der wahre Pädagoge sei demnach nur im sozialen Typus zu finden (vgl. ebd., S. 132f).

4.3.2 Absolutistisch und liberal

Eine weitere Unterscheidung neben der Liebe des Erziehers zum jungen Menschen lässt sich auch in dem Verhältnis des Erziehers zu Bildungsziel und Bildungsideal zeigen. Die Beantwortung dieser Frage ist abhängig, in wieweit der Erzieher die Interdependenz und den jeweiligen Entwicklungsstand des Individuums berücksichtigt und welchen Stellenwert er der Individualität und der Uniformität im Erziehungsgeschehen beimisst (vgl. Yŏng-ae 1994, S. 316). Anhand dieses Indikators unterscheidet Spranger den absolutistischen und den liberalen Erziehertypus analog zu seinem gebundenen und freien Erziehungsstilpaar.

Der absolutistische Erzieher nach Spranger setze sich selbst als Maßstab, sei überzeugt von dem Vorbildcharakter seiner Person und möchte die Heranwachsenden aufgrund dessen nach seinem eigenen Bilde formen. Er unterscheide dabei nicht nach Entwicklungsfortschritt oder individuellem Interesse, sondern sei meist sehr autoritär und bestimmend. Strenge, für alle gleich geltende Forderungen werden gestellt und erwartet. Somit vertrete der absolutistische Erzieher den gebundenen und uniformen Erziehungsstil (vgl. ebd., S. 317).

Der liberale Erzieher hingegen setze verstärkt auf Vertrauen, Einfühlsamkeit und Individualität.

14

„Kennzeichnend für ihn ist eine umfassende Weite des Verstehens, die den jungen Menschen in seiner Eigenart zu erfassen bemüht ist, um ihn gemäß seiner inneren Natur zu fördern" (Klussmann
1984, S. 134). Hierbei wird der individualisierende Erziehungsstil vertreten.

Auch diese beiden Erziehertypen unterwirft Spranger einer Wertung. Seiner Meinung nach sei ein
schlechter Pädagoge, der Heranwachsenden keine freien Entwicklungsmöglichkeiten darbiete und
seine Eigenart Zöglingen aufzubinden versuche. Das Erziehungsgeschehen erfordert einen Akt des
Verstehens, um die individuellen Bedürfnisse zu entdecken und darauf professionell eingehen zu
können (vgl. ebd., S. 134f). Spranger wertet somit den liberalen Erziehertyp höher als den absolutistischen, da er „… auf die Wertrichtung der geistig sich entfaltenden Seele Einfluss zu nehmen bemüht ist …" (ebd., S. 135) und somit Entwicklungshilfe an einer werdenden Persönlichkeit leiste.

4.3.3 Kulturbejahend und kulturverneinend

Unter dem Aspekt der Kulturbeziehung des Erziehers erfolgt die Gegenüberstellung von kulturbeja-
hendem und kulturverneinendem Erziehertypus. Kulturpartizipation und Kulturbejahung können
sich nach Auffassung Sprangers wie folgt äußern. Zum Einen in Form von Wissen als einseitiges
Spezialistentum, zum Anderen die „Bildungsnaturen", die zur Kultur ein lebendiges Verhältnis pfle-
gen und meist auch aktiv daran mitwirken. Kulturverneinende Erzieher sind Aufklärer, die „… die
Jugend ganz besonders stark aufrütteln" (Klussmann 1984, S. 137).

Berühmte Persönlichkeiten wie Rousseau und Nietzsche nennt Spranger dafür als Beispiele. Welcher Erziehertypus nun der richtigere sei, beantwortet die Frage nach der dem Erzieher zugewiese-
nen Kulturfunktion. „Jeder Erzieher soll in einigem Grade ein Kulturkritiker sein" (Spranger 1965b,
S. 104). Durch die kulturelle Mitverantwortung des Pädagogen wird er daher notwendigerweise
auch ein Stück weit kulturverneinend agieren müssen. Doch nimmt der Pessimismus überhand, indem er beispielsweise versucht subjektive Kultur in objektive umzuformen und ohne Reflexion
sämtliche Kulturpraktiken dem Zögling vorzuenthalten, so sei dieser Erziehertypus schlichtweg
nicht in der Lage zu erziehen. Doch nicht nur allein die Kulturbejahung reicht aus, um erzieheri-
sches Tun als fruchtbar geltend zu machen.

> „Entscheidend darüber hinaus ist, dass der Erzieher im Hinblick auf die Individualität des Zöglings
> diejenigen Kulturgüter auswählt, die einen Bildungswert für den inneren Aufbau seiner Persönlich-
> keit haben. In dem Bewusstsein, … entspricht der kulturbejahende Erziehertypus mit einem Maxi-
> mum möglicher Vollkommenheit seiner Bestimmung." (Klussmann 1984, S. 139)

Doch wie trifft der Pädagoge die Entscheidung für richtige Kulturgüter, ohne dabei seinem eigenen
Willen zu viel Aufmerksamkeit zu schenken und einen möglichst objektiven Wert weiterzugeben?

4.4 Erzieher als Kulturträger

Spranger zieht zur Beantwortung dieser Frage einen Vergleich aus der griechischen Mythologie. König Midas' Wunsch an die Götter, alles was er berühre zu Gold werden zu lassen, ist gleichnishaft für den Erzieher und seinem Umgang mit Kulturgütern. „Alle Kulturgüter interessieren ihn vor allem deshalb, weil sie und soweit sie für den Bildungsprozess wertvoll werden können", so Spranger (Spranger 1965b, S. 25). Der Erzieher ist gefordert, eine Art „Rückverwandlung" von Kulturgütern in Bildungsgüter durchzuführen, welche wie folgt passieren solle (ebd., S. 25):

Durch die ästhetische Bildung des Erziehungswissenschaftlers ist er in der Lage Kunst zu rezipieren. Das heißt, er verarbeitet das Kulturgut, indem er darüber spricht, nachdenkt und es mit bereits vorhandenem Wissen verknüpft. Dadurch lässt er die Kunst, die beispielsweise nur aus einer steinernen Statue bestünde in einen erlebten Zustand im Geiste zurückkehren (vgl. ebd., S. 25). Doch „erst wenn die Rückverwandlung in seelisches Verstehen und Aneignen ausdrücklich den besonderen Sinn empfängt, dass die Seele sich daran bilde, dass sie sich ausweite und mehr in die Höhe wachse, erst dann ist die Rückverwandlung von Kulturgütern in seelische Prozesse eigentlich pädagogisch" (ebd., S. 25). Damit ist nach der Auffassung Sprangers jeder Erzieher Träger von Kultur und Bildungsgütern, die es weiterzugeben und in dem Zögling zu verwirklichen gilt. Er fordert ein „Aha [-Erlebnis, Anm. d. Verf.]! ... dass ihnen etwas ‚aufgegangen' ist ...", da sonst der Inhalt schon bald wieder aus dem Bewusstsein gelöscht sein werde (ebd., S. 28). Des Weiteren fordert er eine didaktische Vereinfachung der zu lernenden Inhalte. So führt Spranger das aus der Musik her kommende Beispiel an, dass es beim Verstehen von Musik nicht um komplizierte Noten oder Pausen ginge, sondern um das Heraushören von „wiederkehrende[n] Themata oder Melodien (ebd., S. 28). Überall solle der Erzieher auf Sinnzusammenhänge achten um in vereinfachter Form den Zögling an schwierige Themen heranzuführen (vgl. ebd., S. 28f).

Doch nicht nur die Verwandlung von Kulturgütern zu Bildungsgütern ist ein wichtiger Auftrag des Erziehers. Ebenso solle er über ein vertieftes Kulturbewusstsein verfügen, welches erfordert, überzeugt von den Werten seiner Kultur zu sein. Dieses Bewusstsein sei zum Einen existentiell für den Bestand einer Kultur, zum Anderen bildet es eine weitere Voraussetzung des erzieherischen Tuns. Doch erst die einhergehende Bereitschaft, sich mit der Kultur, in der man lebt, auseinandersetzen und sie verstehen zu wollen, sowie die Bereitschaft zur Zukunftsgestaltung ließe Kulturbewusstsein entstehen (vgl. Klussmann 1984, S. 179f). „Echtes Kulturbewusstsein artikuliert sich in dem Bewusstsein der Verantwortung für das geistige Erbe und die Bewahrung kultureller Werte, das heißt in der Verantwortung für die Zukunftsgestaltung der Kultur ..." (ebd., S. 180). Insbesondere für die Zukunftsgestaltung der Kultur nennt Spranger als weiteres wichtige Merkmal des Erziehers das

„wertprüfende Kulturgewissen" (ebd., S. 181). Durch das aktive Einwirken auf Menschen durch Erziehung und das damit verbundene Formen einer Kultur soll dem Erzieher nach der Auffassung Sprangers bewusst sein, dass er eine enorme Verantwortung besitzt. Diese ist allerdings nicht negativ zu sehen. Er habe somit auch die Möglichkeit eine „echte Kultur der Menschenwürde" aufbauen zu können und somit die Welt ein Stück weit zu verbessern (ebd., S. 181). „Erziehung ist stellvertretender Vorgriff auf die Zukunft" (Spranger 1952, S. 11). Sollte man diese Chance als Erzieher nicht nutzen?

5. Kritik

Nach der partiellen Ausführung Sprangers Grundgedanken, Erziehungsstilen und Vorstellung des Erziehers erfolgt nun eine eigene kritische Bewertung der bereits aufgeführten Inhalte.

Der „geborene Erzieher" mit seiner „pädagogischen Liebe" sowie seine idealtypischen Erziehungsstile sind gedanklich entworfene Idealvorstellungen. Dies betont Spranger zwar immer wieder, jedoch stellt sich mir die Frage, warum er diese niemals empirisch nachweisen ließ. Andere Erziehungswissenschaftler, darunter auch das Geschwisterpaar Tausch und Tausch, das ebenfalls Erziehungsstile erforschte, führte qualitative und quantitative Untersuchungen durch, um ihre gedanklichen Konstruktionen zu belegen. Spranger jedoch ließ seine Annahmen stets im „luftleeren Raum" und unterzog sie keiner empirischen Prüfung. Dies stellt natürlich den Wahrheitsgehalt seiner Theorien äußerst in Frage und lässt im Großen und Ganzen an seiner Wissenschaftlichkeit zweifeln.

Ein weiterer Kritikpunkt, der sich mir im Laufe der Arbeit auftat, steht im Zusammenhang mit Sprangers Konstruktion der idealtypischen Erziehungsstile. Seine Paare stellen keine reinen Kategorien dar. Sie stehen untereinander in einem sich gegenseitig beeinflussenden Verhältnis. Somit ist die Forderung: „... man muss sich aber für eine von beiden Seiten entscheiden, wenn man handeln will" illusorisch (Spranger 1965a, S. 40). Zum Beispiel ist Individualisierung zu einem gebundenen Erziehungsstil nicht komplementär. Im Gegensatz verlangt Uniformierung geradezu nach Steuerung und somit nach einem gebundenen Stil. Insbesondere die beiden Stil-Paare „frei–gebunden" und „individualisierend–uniform" stehen damit nicht nur in einem Abhängigkeitsverhältnis zueinander, sondern sie enthalten jeweils einen identischen Wert – den eines freien Individuums. Bei dem ersten Paar ist er lediglich als Erziehungsziel formuliert, beim zweiten Paar als Erziehungsmethode. Der wirklich gemeinte Unterschied wird von Spranger in seinem Werk *Das Gesetz der ungewollten Nebenwirkungen in der Erziehung* nicht deutlich genug formuliert.

Der letzte, aber gravierendste Kritikpunkt liegt in Sprangers Forderung an den Erzieher einen „Metaphysischen Bezug" besitzen zu müssen. Wie bereits als Eigenschaft des „geborenen Erziehers" erwähnt, spricht Spranger allen Ungläubigen, die Gott nicht als Gewissen oder höchste Verantwortungsinstanz für sich betrachten, die Erziehungsfähigkeit ab. Warum sollen irreligiöse Menschen ihren Kindern keine Liebe schenken und sie zu glücklichen Individuen heranziehen können? Bei dem absolutistischen Erziehertypus kritisiert Spranger die Unfehlbarkeit, die Eltern an sich selbst legen, bzw. sich selbst als Maßstab zu betrachten. Wie bereits thematisiert, stuft er den absolutistischen Erziehertypus im Vergleich zum liberalen Erziehertypus als weniger pädagogisch wertvoll ein, weil „[die absolutistischen Typen] den Werdenden ihre Wertwelt, sei es bewusst oder durch die suggestive Kraft ihres Wesens, aufzuprägen bestrebt sind" (Klussmann 1984, S. 134). Sollte nach dieser Kritik der Glaube von den Kindern nicht selbst entdeckt werden? Da Spranger einen weltnahen Erziehungsstil befürwortet und er der Meinung ist, dass das Leben an sich bildet, sollte den Kindern insbesondere die wichtige Frage nach dem eigenem Glauben selbst überlassen sein. Eine Induktion christlicher Maßstäbe von gläubigen Eltern führt nicht selten zu genau gegenteiligen Wirkungen bei den Heranwachsenden. Sie beginnen die sonntäglichen Gottesdienstbesuche als Pflichtprogramm zu empfinden und besitzen am Glauben keinen Spaß. Die Bibel selbst sagt: „Lasst die Kinder zu mir kommen und wehret ihnen nicht; denn solchen gehört das Reich Gottes" (Markus 10, 14). Durch die von Spranger geforderte Kulturkritik sollte zwar der Glaube ein Thema in der Erziehung sein, doch nichtsdestoweniger sollte dies meiner Meinung nach aus eigener Motivation des Kindes heraus passieren und nicht als Bedingung an die Liebe der Eltern geknüpft sein.

6. Schluss

In dieser Arbeit wurde gezeigt, dass nach der Auffassung des Erziehungswissenschaftlers Eduard Spranger folgende Punkte wichtig sind: Erziehung und Bildung sind zwei voneinander getrennte Vorgänge. Erziehung wird in Erweckung, Entwicklungshilfe und Tradieren aufgeschlüsselt, Bildung erfolgt durch aktive Teilnahme des Lebens an sich und durch Auseinandersetzung eines Berufs. Wissenschaftliche Pädagogik stützt sich auf die Ethik und Philosophie, besitzt aber eine eigene Fragestellung, die sich in der Bildsamkeit, funktionaler und direkter Erziehung und Persönlichkeitsbildung des Zöglings widerspiegelt. Seine vier idealtypischen Erziehungsstilpaare besitzen alle ihre eigenen Vor- und Nachteile. Doch Spranger setzt keine ultimative Erziehungsformel auf und gibt nicht vor, welcher Erziehungsstil der richtige sei. Dies sei immer abhängig von Zeitgeist, Erziehungsziel und der Altersstufe des Zöglings (vgl. Weber 1973, S. 64).

Der Erzieher besitzt bei Sprangers Pädagogik einen äußerst wichtigen Stellenwert. Er hat seine Rolle als Berufung zu verstehen und bedarf eines metaphysischen Bezugs, der Hilfe von Gott, der das Gewissen des Erziehers darstellen sollte. Er muss über „pädagogische Liebe" verfügen, die ausschließlich nur einem Zögling zugetragen werden kann, da bei dieser besonderen Art von Liebe eine

Individualität von einer anderen umfasst wird. Spranger führt den Begriff „geborener Erzieher" an und schlüsselt diesen in seinem gleichnamigen Buch auf. Zusammenfassend lässt sich hierzu sagen, dass der Beruf Erzieher gewisse Grundqualitäten erfordert, die nicht zu erlernen sind. Auch durch ein Studium könne diese nicht angeeignet werden. Die sechs Typen des Erziehers geben Aufschluss, wie unterschiedlich Menschen sind und wie unterschiedlich sie im Erziehungsgeschehen agieren. Auch hier gilt aber, dass es keinen „richtigen Typ" gibt, sondern eine Mischung das Richtige ist und eine Abwägung durch die gegebene Situation erfolgen muss. Die wichtigste Aufgabe des Erziehers als Kulturträger bietet die Möglichkeit die Gesellschaft zukünftig zu ändern. Durch Kulturbewusstsein und Kulturgewissen ist man befähigt eine Kultur der Menschenwürde zu erschaffen.

Die von mir angeführte Kritik an der Pädagogik Eduard Sprangers, auf diese Arbeit bezogen, umfasst die mangelnde Empirie, die Ungenauigkeit und Abhängigkeit der idealtypischen Erziehungsstile untereinander sowie den metaphysische Glauben des Erziehers.

Erziehen ist nicht einfach und es gibt auch nach Auffassung Sprangers kein Idealrezept, das „gut erzogene Kinder" hervorbringt. Doch eine Sache ist in seiner Pädagogik immer von großer Bedeutung, die mich durchwegs fasziniert: der Optimismus und der allgemeine Wille des Erziehers zu erziehen. „Indem er schenkt, wird er selbst innerlich reicher. Aber niemals kommt für ihn der Augenblick, in dem er sagen könnte: ‚Nun ist es erfüllt!' Er bleibt immer auf dem Wege, begleitet von der Sehnsucht und – einer verschwiegenen Hoffnung" (Spranger 1965b, S. 106).

Literaturverzeichnis

Bücher:

Deutsche Bibelgesellschaft (1999): Die Bibel. Lutherübersetzung. Stuttgart

Hohmann, Joachim S. (1996): Beiträge zur Philosophie Eduard Sprangers. Berlin

Klussmann, Rita (1984): Die Idee des Erziehers bei Eduard Spranger vor dem Hintergrund seiner Bildungs- und Kulturauffassung. Frankfurt am Main

Meyer-Willner, Gerhard (1986): Eduard Spranger und die Lehrerfortbildung. Die notwendige Revision eines Mythos. Bad Heilbronn

Rousseau, Jean-Jacques (1963): Emile oder über die Erziehung. Stuttgart

Schraut, Alban (2008): Auf dem Weg zu einer Biografie – Eduard Sprangers Kindheit, Schul- und Jugendzeit. Nürnberg

Spranger Eduard (1951): Erziehungsethik. In: Gottfried, Bräuer; Andreas, Flitner, (Hg.): Gesammelte Schriften: Geist der Erziehung. Heidelberg, S. 322–409

Spranger Eduard (1952): Grundstile der Erziehung. In: Ders.: Pädagogische Perspektiven. Beiträge zu Erziehungsfragen der Gegenwart 3. Aufl. Heidelberg

Spranger Eduard (1965a): Das Gesetz der ungewollten Nebenwirkungen in der Erziehung. Heidelberg

Spranger Eduard (1965b): Der geborene Erzieher. 4. Aufl. Heidelberg

Spranger, Eduard (1973): Philosophische Grundlegung der Pädagogik In: M. Hamada (Hg.): Erziehung zum Gespräch. Tokio, S. 62-140

Weber, Erich (1973): Erziehungsstile. 4. Aufl. Donauwörth

Yŏng-ae, Han (1994): Eduard Sprangers Pädagogik. Moralische Erziehung als Brennpunkt des Geisteslebens. Dissertation, Universität Trier, Frankfurt am Main

Internetquellen:

http://www.otto-friedrich-bollnow.de/doc/SprangerErweckung.pdf (01.09.2010, 15:50)

www.tu-braunschweig.de/Medien-DB/paed-retter/spranger.doc (03.09.2010, 00:15)

http://methodenpool.uni-koeln.de/erlebnis/erlebnis_begruendung.html (06.09.2010, 10:46)